Ruth Heil

»Mama, du bist die Allerbeste«

mediaKern

Liebe Mama!

Ihr Kind ist sozusagen »handverlesen«! Dieses einmalige Wesen ist von Gott speziell für Sie ausgesucht worden. Vergessen Sie im Alltagstrott nicht Ihre Bestimmung!

Und denken Sie daran:

Sie haben einen starken Verbündeten im Himmel, der immer bereit ist,

Ihre Sorgen auf sein Herz zu nehmen.

Holen Sie sich Morgen für Morgen eine Portion Hoffnung bei IHM.

Und legen Sie jeden Abend die Lasten bei IHM ab.

Gott schenke Ihnen die Kraft, durchzuhalten!

Das wünscht von Herzen,

Ihre Ruth Heil

Kinder sehen das Wesentliche.
Das können wir von ihnen lernen.
Liebe sieht, was sie sehen will.

… weil du in meinen Augen so wert geachtet bist und ich dich lieb habe. Jesaja 43,4

Bei der letzten Schwangerschaft hatte ich einige Pfunde zugelegt. Ich freute mich riesig über unser neugeborenes Wunder, aber weniger über die Schwangerschaftskleidung, die mir als Einzige passte.
Etwas traurig stand ich in dieser Verfassung vor dem Spiegel und schaute mich unwillig an. Ich hatte nicht bemerkt, dass unsere Vierjährige dazugekommen war und mein Schauspiel beobachtete. »Weißt du was?«, fragte sie mich. Ich antwortete nicht gleich. Sie begann von Neuem: »Mama, weißt du was?« Ich war mir nicht sicher, ob ich es wissen wollte. Wahrscheinlich wollte sie mir offenbaren, was ich gerade selbst dachte. »Okay, sag's mir«, raffte ich mich auf. »Mama, ich hab dich 102.000-mal lieb«, sagte sie und streckte ihre kleinen Arme auf, damit ich sie hochheben sollte. Mir standen die Tränen in den Augen. Es war, als wollte Gott selbst zu mir sagen: »Dein Inneres ist mir so viel mehr wert als dein Äußeres. Du bist mir kostbar. Verachte dich nicht. Nimm dich an, weil ich dich annehme.«

Gebet

Herr, schenk mir, dass ich mich mit deinen Augen ansehe.
Dann kann mein Kind von mir lernen, dass man nicht vollkommen sein muss, um geliebt zu werden.

Mit einigen Monaten beginnt das sogenannte »Fremdeln«. Das Kind weint, wenn die Mutter sich entfernt oder es auf einen anderen Arm gibt, der nicht vertraut ist. Ängste erwachen in dem kleinen Menschen, Verlustängste, die es nicht einmal definieren könnte. Aber es drückt mit dem Weinen aus: »Mama, ich brauche dich. Ich bin auf dich angewiesen. Ich kenne dich, aber nicht die anderen.«

Bindung lernt man durch Bindung, eine alte Weisheit. Deshalb ist körperliche Nähe so unendlich wichtig. In vielen Ländern wachsen Kinder auf dem Rücken der Mutter in einem Tragetuch auf. Eine innige Verbindung entsteht in diesem Miteinander, ein tiefes Vertrauen, dass die Welt in Ordnung ist.

Bis zu einem Alter von vier Jahren kann dieser Kontakt eine Sicherheit fürs Leben bauen, die nahezu unzerstörbar ist. Deshalb brauchen Kinder ihre Mutter. Mütter sind unersetzbar. Helfen Sie Ihrem Kind zu einem guten Start ins Leben! Wie gut, dass Gott auch mir als Mutter zusagt, dass er mich nie verlassen will.

Gebet

Herr, es ist schwer, gegen den Strom zu schwimmen! Ich möchte meinem Kind die ersten Jahre schenken.
Aber manchmal fühle ich, wie die anderen auf mich herunterblicken, weil ich nur Mutter sein will.
Stärke mich in meinem Alltag, während ich meinem Kind meine Nähe und Zeit schenke.

Wärme, Nähe und Nahrung, das ist alles,
was ein kleiner Mensch braucht.

Ich will dich nicht verlassen noch von dir weichen. Hebräer 13,5

*Jedes Kind ist handverlesen von Gott für mich
ganz persönlich, um mich zu beschenken
und zur Reife zu bringen.*

Ich kannte dich, ehe ich dich im Mutterleibe bereitete. Jeremia 1,5a

»Mama, wenn ich nicht zu dir gekommen wäre, als ich geboren wurde, hätte ich dich auf der ganzen Welt gesucht, bis ich dich gefunden hätte!« Das war der Ausspruch meiner kleinen Tochter, während sie mich voller Liebe ansah und mit meinen Haaren spielte.

Ausgesucht, handverlesen, geplant! Das ist es, was Gott über unser Leben schreibt, über jedes Leben, auch das unserer Kinder. Bei Gott gibt es keine ungeplanten Kinder, nur bei uns hier auf der Erde. Die einen sind von uns ausgesucht, die anderen, die wir nicht planten, hat *Er* für uns ausgesucht. Deshalb darf jede Schwangerschaft uns die Botschaft bringen: Gott hat Vertrauen in uns, dass wir es gut machen werden.

Er hat einen Plan für jedes Kind, aber auch für dessen Mutter.

Er erzieht uns durch unser ganz besonderes, einzigartiges Original, das uns manchmal auch an die Grenzen unserer Kraft führt. Vielleicht deshalb, damit wir erkennen, dass wir *Ihn* brauchen?

Gebet

Herr, es ist nicht immer leicht mit diesem Kind, das du mir anvertraut hast. Danke, dass du mich dabei Geduld lehrst. Ich vertraue dir, dass du mir täglich die Kraft geben wirst, die ich brauche.

Alle waren schon beim Frühstück und rangelten sich um die Cornflakes-Tüte. Aber wo blieb nur eine unserer Töchter? Als ich an ihr Bett kam, erschrak ich. In tiefer Bewusstlosigkeit atmete sie sehr flach und war blau marmoriert im Gesicht und an den Armen. Ich rief nach meinem Mann. Danach ging es in wilder Fahrt ins Krankenhaus. Ich kniete vor dem Kind auf dem Rücksitz und betete ohne Unterlass: »Herr Jesus, hilf!« Im Krankenhaus begannen die Untersuchungen. Man fand keine Ursache heraus. Nur eines gab man uns deutlich zu verstehen: Dieses Kind würde durch die lange mangelnde Sauerstoffversorgung des Gehirns eine Behinderung zurückbehalten. Die Kleine bekam Medikamente. Leider kamen diese Zustände immer wieder vor. Unsere Tochter aber entwickelte sich prächtig trotz aller Negativprognosen. Gott ist einfach größer. Ich will ihm immer wieder neu vertrauen, auch in den anderen Angelegenheiten meines Lebens. Er wird es gut machen!

Gebet

Danke, lieber Herr, dass du größer bist als alle Prognosen und Diagnosen von Ärzten.
Und auch wenn manches anders ist, als ich es mir wünsche, so hältst du doch die Fäden in der Hand.
Danke, dass ich dir vertrauen kann.

Du hast Gott als Verbündeten,
wenn es um dein Kind geht. Deshalb wende dich
bei allen Problemen vertrauensvoll an ihn.

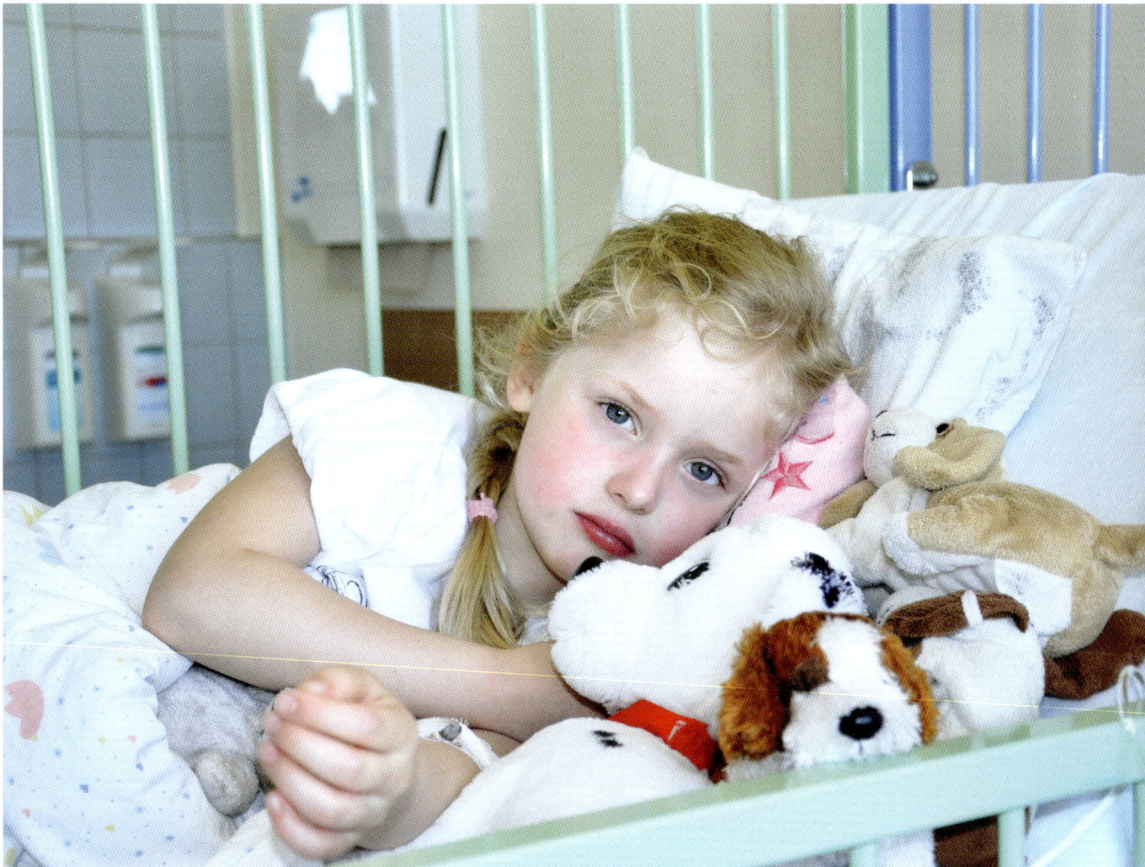

Aber der Herr ist immer noch größer! Psalm 93,4

Schau dein schlafendes Kind an und danke Gott
für dieses Geschenk. Aber plage dich nicht
dauernd mit Schuldgefühlen herum.

Bei Gott darf unser Herz zur Ruhe kommen. Wenn Gott uns vergeben hat, haben wir kein Recht, uns weiter zu verurteilen. 1. Johannes 3,19.20

Schlafende Kinder sehen absolut liebenswert aus! Oftmals fühlte ich mich schlecht, wenn ich nachts an ihrem Bett stand. Wie gerne hätte ich mehr Geduld gehabt, liebevoller reagiert. Heute weiß ich, dass ich mich oft überfordert habe. Ich meinte, meine Gefühle immer unter Kontrolle haben zu müssen, immer freundlich sein, nicht unangemessen reagieren! Doch ich vergaß dabei: Auch Mütter haben Grenzen. Oft verurteilen wir uns selbst, weil wir geduldiger sein wollen, als unsere Kraft es erlaubt. Früh Grenzen zu setzen bewahrt uns vor Überforderung. Deshalb: Grenzen formulieren und sich selbst auch daran halten. Das Hineinfühlen in unser Kind darf nicht dazu führen, ihm alles zu erlauben. Ein Kind kommentierte: »Man muss seine Mama nur lange genug plagen, dann sagt sie Ja.« Genau da liegt oft das Problem. Wir werden nicht alles richtig machen können. Deshalb dürfen wir Schuld und Schuldgefühle zum Kreuz bringen. Und morgens dürfen wir mit Gottes Hilfe immer neu anfangen.

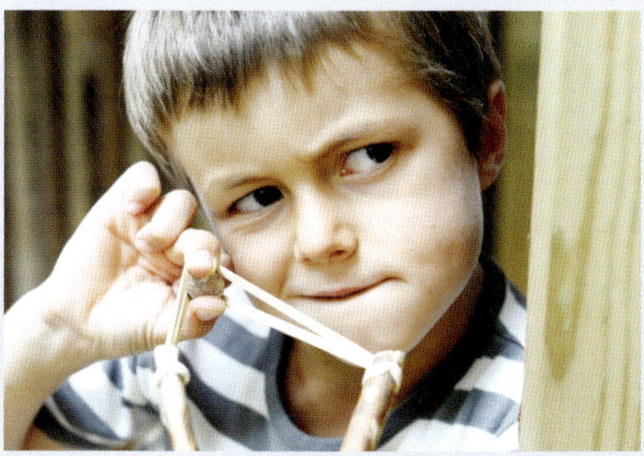

Gebet

Vater im Himmel, oft fühle ich mich überfordert. Dazu kommen Schuldgefühle, wenn mich mein Temperament zu falschem Handeln verleitet. Ich brauche dich, um meinem Kind nicht nur Grenzen zu setzen, sondern bei meinem Wort zu bleiben. Danke, dass du mir hilfst.

Wie gut, dass wir Kinder, wenn sie noch klein sind, überallhin mitnehmen können. Unser Kleiner war noch »tragbar«, als er ganz still neben mir den Gottesdienst besuchte. Er war ein liebenswertes, geduldiges Kind. Doch wenn endlich am Schluss des Gottesdienstes der Segen kam, wurde er regelmäßig aufgeregt und flüsterte mir voller Vorfreude ins Ohr: »Mama, jetzt ist es gleich fertig!« Ja, das hatte er sich eingeprägt: Nach dem Segen durfte man heimgehen.

Wie gut, dass der Segen nicht in der Kirche bleibt. Wir dürfen ihn mitnehmen, wo immer wir hingehen. Und wir dürfen ihn allen austeilen, denen wir begegnen, besonders auch unseren Kindern. Ihnen können wir den Segen Gottes zusprechen und sie unter seine Bewahrung stellen. Der Segensspruch ist nicht dem Pfarrer vorbehalten. Wir dürfen als Mutter diesen Segen täglich über unseren Kindern aussprechen, damit es sich ihnen einprägt: Gott ist bei uns, Gott geht mit.

Gebet

Herr Jesus, segne du mein Kind und bewahre es vor allem Bösen.
Du bist auch dann da, wenn ich es nicht beschützen kann.

Segen ist die Kraft Gottes, die Herzen erwärmt.
Segen ist Heilmittel,
Trost und Bewahrung zugleich.

Der Herr segne dich und behüte dich. Der Herr lasse leuchten sein Angesicht über dir und sei dir gnädig. 4. Mose 6,24.25

Speichere und bewahre das Schöne im Herzen
als Vorrat für schwierige Zeiten!

Lobe den Herrn, meine Seele, und vergiss nicht, was ER dir Gutes getan hat! Psalm 103,2

Wir befanden uns auf der Heimreise im Flugzeug. Mit unserem Jüngsten stand ich in Warteposition auf dem Gang. Neben uns saß eine ältere Dame. »Mama, du bist die Schönste und Beste, die es gibt«, flüsterte mein Junge mir zu, gerade laut genug, dass diese Frau es noch hören konnte. Ein Lächeln breitete sich über ihr Gesicht aus, während sie mir riet: »Wenn Sie zu Hause sind, schreiben Sie es sich auf. Das ist vergänglich!«
Die guten Dinge müssen aufgeschrieben werden. Ja, das stimmt! Und hätte ich es damals nicht getan, könnte ich mich heute nicht daran erinnern und es niederschreiben! Leider vergessen wir Gutes viel zu schnell, während sich Negatives oft lange hält. Deshalb ermutigt uns auch der Psalmbeter: Vergiss nicht, was ER, unser Gott, dir Gutes getan hat – auch mit diesen Liebeserklärungen deines Kindes.

Gebet

Vater im Himmel, danke für all die Liebeszeichen, die uns kleine Kinder schenken.
Sie sind wie Perlen, die ich für die Zeiten sammle, in denen sie rar werden.
Danke, dass du mich und mein Kind durch gute und schwere Zeiten hindurchträgst.

Ingrid Trobisch lebte als Missionarin in Kamerun. Dort unterrichtete sie Schüler und Studenten. Eines Tages hörte sie schon von Weitem laute Stimmen in ihrem Haus. Als sie hineinkam, sah sie, wie ihre fünf Kinder umhertollten und Unordnung anstellten. Die Afrikanerin, die auf sie aufpassen sollte, saß in aller Seelenruhe in Ingrids Schaukelstuhl. »Madam«, meinte sie, als sie Ingrid hereinkommen sah, »seien Sie ohne Sorge. Gott ist auf unserer Seite.« Jesus gönnt uns Ruhe. Deshalb nahm auch ich mir als Mutter kleine Auszeiten. Vor der Wohnzimmertür stellte ich den Kurzzeitmesser auf zehn Minuten ein. Das hieß: Für diese Zeit Zutritt verboten. Wer trotzdem das Zimmer betrat, musste mit zusätzlichen Arbeiten rechnen. Das begriffen sogar schon die Kleinsten. Wir sollten Zeit einplanen zum Entspannen. Kinder wissen, wie sie entspannen können.

Gebet

Du gönnst mir Auszeiten, mein Gott. Aber da sind zu viele Aufgaben. So will ich mit Stoßgebeten deine Nähe suchen und mit tiefem Durchatmen minutenweise deinen Atem in mich aufnehmen. Trotzdem: Gib mir Mut, Pausen einzulegen!

Wer sich keine Ruhe gönnt,

wird auch keine Ruhe ausstrahlen.

Jesus fordert seine Jünger auf: Zieht euch zurück und ruht euch aus! Markus 6,31

Lerne wieder zu lachen, auch wenn es nicht immer etwas zu lachen gibt! Kinder müssen durch die Mutter Lust aufs Leben bekommen!

Die tüchtige Frau lacht des kommenden Tages. Sprüche 31,25

»Mama, willst du einen Witz hören?« Mit diesen Worten kam unser Junge täglich aus der Schule nach Hause. Noch bevor ich antworten konnte, fing er mit dem Erzählen an. Manche der Witze konnte ich allmählich nicht mehr hören, einige nicht einmal verstehen. Trotzdem versuchte ich, mich zu einem Lächeln hinreißen zu lassen.

Eines Tages wurde es mir dann doch zu viel: »Warum musst du mir immer Witze erzählen?«, wollte ich wissen. »Ach Mama, du denkst immer nur an Arbeit und du lachst so selten! Dabei siehst du so schön aus, wenn du lachst.« Das gab mir zu denken. Ja, es stimmte. Die Arbeit nahm mich so gefangen, dass ich vergaß, fröhlich zu sein.

Zeit zum Lachen und Fröhlichsein nehmen! Das ist es, was ich von meinen Kindern lernen will.

Gebet

Herr, erinnere mich bitte immer neu daran, was es zu lachen gibt.
Hilf mir, aus meinem Tunnelblick für Arbeit herauszukommen und deinen Himmel,
deine Blumen und das Lachen der Kinder in den Blick zu bekommen.

Hab Mut, dein Kind durch Pfützen stapfen zu lassen. Gib ihm Freiheit, das Wasser zu spüren. Kleider kann man waschen! Viel mehr Schaden entsteht, wenn die Seele verkümmert aus mangelnder Zuwendung oder durch Überhäufung mit Unnötigem. Äußerlich erziehen wir die Kinder dazu, sauber zu bleiben. Viel nötiger ist es, dass ihr Inneres nicht verschmutzt. »Alle dürfen diese Fernsehserie schauen«, motzte mein Junge mich an. »Weil ich dich lieb habe, werde ich es dir nicht erlauben«, antwortete ich und erklärte ihm das Warum. Er verstand mein Verbot trotzdem nicht. Wir dürfen nicht erwarten, dass unsere Kinder unser Nein immer akzeptieren. Um sie zu schützen, hat Gott ihnen eine Mutter geschenkt. Wir müssen hellwach bleiben, um nicht aus Gutmütigkeit und weil alle so handeln, Dinge zu erlauben, die unserem Kind Schaden zufügen. Es kostet mehr Kraft, gegen den Strom zu schwimmen, als alles zu erlauben.

Gebet

Herr, manchmal fällt es mir schwer, den Wünschen meiner Kinder zu widerstehen. Es wäre einfacher, sie machen zu lassen, was sie wollen, sie vor den Fernseher zu setzen, statt ihr Motzen auszuhalten. Bitte, gib mir Kraft, die richtigen Entscheidungen zu treffen, indem ich nicht alles verbiete, aber auch nicht Dinge erlaube, von denen ich weiß, dass sie schaden.

Liebe besteht darin, die größtmögliche Freiheit zu schenken, ohne zu erlauben, was unserem Kind schadet.

Alles ist mir erlaubt, aber nicht alles dient zum Guten. 1. Korinther 6,12

Kinder brauchen Ermutigung und Lob,
auch wenn sie manche Scherben verursachen.

*Gras ist vergänglich, Blumen blühen nur eine Zeit lang.
Doch was Gott sagt, ist bleibend für immer.* Jesaja 40,7+8

Wegwerf-Alter. Das Kleinkind wirft weg, damit wir die Gegenstände wieder aufheben und ihm geben. Es ist ein Spiel, das ihm gefällt und uns Mütter nervt. Spielzeugkisten werden scheinbar sinnlos ausgeräumt, Puppen geköpft, Räder von Autos abgerissen. Im Auseinandernehmen von Dingen entdeckt das Kind Neues. Leider geht viel dabei in die Brüche. Sogar sein Interesse, an einer Blume zu riechen, kann zum Abbrechen der Blume führen. Am Kind sehen wir, wie unsensibel es manchmal mit Dingen umgeht, weil es ihren Wert nicht kennt oder mit dem Umgang noch nicht vertraut ist. Manchmal gehen wir Mütter auch unsensibel mit unserem Kind um, weil wir seinen Wert nicht wahrnehmen. Oftmals vergessen wir in der Überforderung, dass eine kaputte Tasse oder eine umgeknickte Blume eher zu ersetzen sind, als die fehlende Zuwendung, die unser Kind braucht. Zerbrochene Gegenstände sind ersetzbar. Worte können mehr zerstören, als ein teures Spielzeug wert ist. Aber gute Worte können aufbauen, ermutigen und einen Menschen stärken.

Gebet

Herr, du wendest dich mir zu. Auch wenn ich versagt habe, wirfst du mich nicht weg. Lass mich diese Wertschätzung, die du mir gibst, auch meinem Kind gegenüber leben.

Wissen Sie eigentlich, wie wichtig Sie als Mutter sind? Niemand außer Ihnen trägt den wunderbaren Namen »Mama«. Keine Erzieherin, kein noch so lieber Mensch hat Ihr Kind neun Monate in sich getragen, ist ihm vertraut geworden. Niemand kennt seit so langer Zeit Ihre Stimme als dieses Kind. Gott formte den ersten Menschen. Mit seinen eigenen Händen gab er ihm eine Identität, seine unverkennbare Stimme, seine einzigartigen Augen, seine Ohren, um zu hören und die Fähigkeit, selbst Dingen eine Form zu geben, kreativ zu werden. Im Spiel lernt das Kind, seine Gaben zu entwickeln und zu gebrauchen. Und so, wie es in den Eimer Sand hineinschaufelt, füllen wir seine kleine Seele mit unseren Worten, mit unserem Verhalten, mit unserer Zuwendung und Ablehnung. Wir geben so vieles hinein, was uns gar nicht bewusst ist. Deshalb müssen wir uns immer wieder selbst prüfen, wie wir leben. Denn was wir einfüllen, wird das Leben unseres Kindes prägen.

Gebet

Herr, ich wäre gern eine bessere Mutter. Aber oft reagiere ich nicht, wie ich es eigentlich will.
Du weißt, Herr, dass ich manchmal einfach keine Kraft habe.
Bitte schenk du, dass mein Kind dadurch keinen Schaden nimmt.

In den Schoß der Frau legte Gott das Leben. Er schuf die Frau als Teilhaberin an seinem Schöpfungsgedanken.

Und zur Frau sprach Gott: Du sollst … Kinder zur Welt bringen. 1. Mose 3,16

Nimm dein Kind ernst, wenn es um den toten Vogel am Straßenrand weint. Aber stoppe es auch nicht, wenn es wegen Kleinigkeiten vor Freude ausrastet.

Wenn einer in Traurigkeit weint, setz dich zu ihm und weine mit. Doch wenn einer vor Freude jubelt, dann stimm auch da mit ein! Römer 12,15

Fast jedes Kind handelt nach diesem Wort. Kinder nehmen die Gefühle der Mutter auf, ohne wissen zu müssen, warum Tränen fließen. Ihre eigene Gefühlswelt ist noch intensiv mit der der Mutter verknüpft. Sie haben buchstäblich schon im Mutterleib mitgeweint, sich mitgefreut und ebenso Stressmomente durchgemacht. Freude und Leid spiegeln sich in ihnen unverfälscht. Darum sollen wir ihre Gefühle weder bremsen noch abwerten. Mitfreude könnte sich auch auf uns heilsam auswirken. Und Mitweinen würde uns manchmal selbst guttun. »Mama, du musst mitkommen, ich hab was Tolles entdeckt«, sagt unser Kind. Dann zeigt es uns voller Begeisterung einen Marienkäfer. Mitfreuen, das dürfen wir vom Kind lernen: unbeschwert durch Pfützen springen, über aufspritzendes Wasser lachen – aber auch über den kleinen toten Vogel weinen. Lernen wir von unseren Kindern, wie man sich freut und weint.

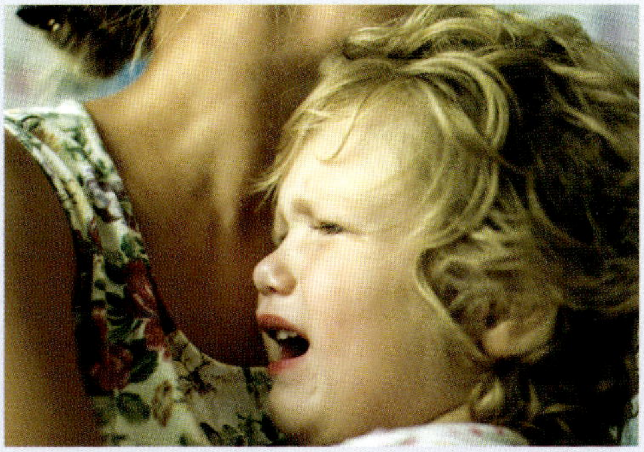

Gebet

Lieber Herr, die Last des Tages, die Fülle der Aufgaben verleitet mich dazu, meine Prioritäten falsch zu setzen. Ich will mich mit meinem Kind neu auf die Freude einlassen und Weinen zulassen, um meiner Seele Erleichterung zu verschaffen.

»In den Ferien bist du das liebste Kind«, pflegte meine Mutter zu sagen. Urlaubszeit nimmt den Stress, man kann die Seele baumeln lassen. Deshalb sind solche Tage wichtig. Da beobachtet man das Spiel der Wellen, sucht Muscheln im Sand, macht Fahrradtouren und kann um die Wette miteinander lachen. In entspannten Situationen freundlich miteinander umzugehen, fällt niemandem schwer. Der Alltag ist anstrengender, für Mutter und Kind gleichermaßen. Da jagt oft ein Termin den anderen. Wir geben unserem Kind Aufgaben, haben aber keine Kraft und nehmen uns nicht die Zeit, zu prüfen, ob sie getan wurden. Wenn wir es bemerken, reagieren wir gereizt. Hier dürfen wir lernen: »Einmal sagen, einmal wiederholen und sich vergewissern, dass das Kind es gehört hat.« Wenn das Kind dann nicht reagiert, muss irgendeine Konsequenz erfolgen. Das Kind lernt dabei, dass wir mit unseren Worten auch wirklich meinen, was wir sagen. Das erspart auf beiden Seiten viel Frustration.

Gebet

Herr, ich bin weit davon entfernt, vollkommen zu sein. Wie dankbar bin ich, dass du Geduld mit mir hast.
Bitte schenk mir auch mit meinem Kind und mit mir selbst Geduld.
Und gib mir Kraft, konsequent zu sein, damit mein Kind sich auf mein Wort verlassen kann.

Du wirst als Mutter Fehler machen.
Aber versäume nicht, dich zu entschuldigen.

Niemand ist gut als allein Gott. Markus 10,18

Augen sind wie Fenster zur Seele.
So oft wir können, sollten wir Sonnenstrahlen
hineinfallen lassen.

Jesus schaute den jungen Mann an mit einem Blick, der zeigte, dass er ihn ins Herz geschlossen hatte. Markus 10,21

Einige unserer Kinder musste ich nur anschauen, um zu zeigen, dass ich mit dem, was sie taten, nicht einverstanden war. Andere benötigten Konsequenzen, um zu begreifen, dass ihr Benehmen nicht okay war. Allen aber war gemeinsam, dass sie geliebt werden wollten. Nichts im Leben ist uns letztlich wichtiger, als angenommen zu sein, wie wir sind, und geliebt zu werden. Leider schauen wir Kinder, je älter sie werden, oft nur dann intensiv an, wenn sie Fehler gemacht haben. Was funktioniert, nehmen wir als selbstverständlich hin. Dabei würde ein Blick liebender Zuneigung so guttun. Ein »Augen-Blick« kann aufbauen und niederschmettern! Unser Kind braucht unseren Blickkontakt des Angenommenseins, um ermutigt zu werden. Der Blick gehört zu unserer Körpersprache. Sie spricht eine lautere Sprache als das gesprochene Wort oder der Ton in der Stimme. Nutzen wir also den guten Augenblick!

Gebet

Lieber Herr Jesus, du schaust mich an mit einem Blick voller Liebe. Du nimmst mich an, egal wie ich bin.
Du machst mir neuen Mut, auch wenn ich nicht vollkommen bin.
Lehre mich täglich, mit meinem Kind so umzugehen, wie du mit mir umgehst.

In der Nacht ging ein starkes Gewitter nieder. Kräftige Donner ließen das Haus erzittern. Der Regen prasselte an die Fensterläden. Unsere Kinder wussten, dass sie zu uns ins Bett kommen durften, wenn sie nachts Angst hatten. So sammelten sich im Laufe der Nacht vier kleine Schläter bei uns. Mein Mann und ich waren so erschöpft, dass wir alles nur im Halbschlaf mitbekamen. Doch irgendwann wachten wir beide auf. Jeder von uns saß an der äußeren Bettkante, um im Schein der Straßenlaterne seine Glieder zu sortieren.
Mit einem Schmunzeln flüsterte mein Mann mir zu: »Schatz, in zwanzig Jahren werden wir uns manchmal an solche Nächte erinnern und denken: ›War das schön damals!‹«
Die zwanzig Jahre sind inzwischen vorbei. Mit ein wenig Sehnsucht und großer Dankbarkeit schauen wir zurück und seufzen: »War das schön damals!«

Gebet

Herr, öffne mir die Augen für das Schöne im ganz normalen Alltag.
Lass mich das unerschütterliche Vertrauen meines Kindes genießen.
Lehre mich, so zu vertrauen, wie mein Kind mir vertraut.

Genieße jeden Tag! Schreib das Schöne auf,
damit du nicht zurückschauend sagst:
Schade, dass ich es nicht mehr schätze.

Sorgt nicht für morgen. Es ist genug, dass jeder Tag seine eigene Plage hat. Matthäus 6,34

Gott liebt dein Kind mehr als du selbst. Deshalb übergib ihm die Probleme, die du mit deinem Kind hast.

Was auch immer dir Sorgen macht, wirf es von dir weg auf Gott. Er will deinen Kummer auf sein Herz nehmen. 1. Petrus 5,7

Wenn alle Sorgen, die wir uns machen, einträfen, könnten wir unseres Lebens nicht mehr froh werden! Nachweislich treffen mehr als 95 Prozent unserer Sorgen nicht ein! Trotzdem verbringen wir gedanklich viel Zeit damit, uns mit ihnen zu befassen. Uns genügen die fünf Prozent, die passieren könnten! Nicht umsonst sagt uns der Apostel Petrus, dass wir unsere Sorgen Gott abgeben sollen. Das heißt konkret: Gott um Hilfe bitten und mit ihm rechnen. Wie gerne würden wir unsere Kinder vor Gefahren schützen, auch wenn sie älter werden. Eine unserer Töchter hatte eine schwere Enttäuschung erlebt. Sie war danach von zu Hause weggefahren. Wir wussten nicht, wo sie sich befand, nur, dass sie sehr verzweifelt war. Als sie nach 24 Stunden endlich heimkam, berichtete sie: »Ich stand auf mehreren Brücken, aber ich konnte nicht springen.« Nein, wir hätten sie nicht bewahren können! Aber Gott hatte seine Engel geschickt.

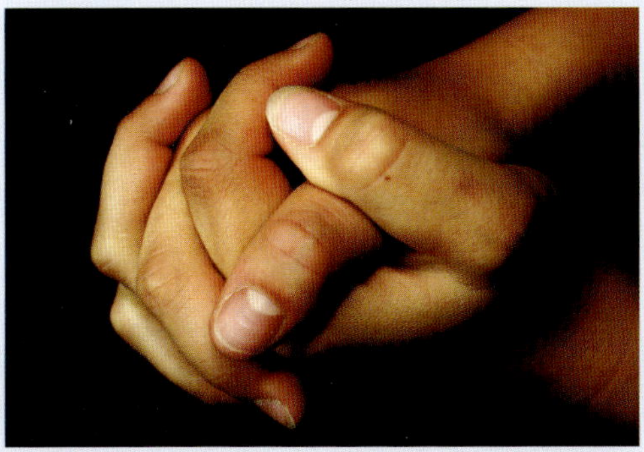

Gebet

Wenn das so einfach wäre, Herr, mich nicht zu sorgen. Ich will diese Sorgen gar nicht. Sie denken sich ganz allein und können ganz schön Angst machen. Danke, dass nicht alles Schlimme passiert, was mir Sorgen macht. Hilf mir, alles, was mich bewegt, zu dir zu bringen.

»Die Hand, die die Wiege bewegt, bewegt die Welt.« Dieser Satz soll von Bismarck stammen, dem großen Staatsmann. Heute weiß man, dass ein Kind Bindungsfähigkeit erlernt, indem es in den ersten drei Lebensjahren immer dieselbe Bezugsperson hat. Diese Zeit ist die wichtigste Prägezeit, in der das Kind Stimme und Geruch, Nähe und Zärtlichkeit zuverlässig von ein und derselben Person bekommt und dadurch Vertrauen gewinnt in diese Welt. Es lernt, sich nach der behüteten Zeit im Bauch der Mutter in der Vielfalt der Stimmen zurechtzufinden, indem da die eine Stimme immer wieder auftaucht, die vertrauenswürdig ist. Mütter sind einmalig und unersetzbar. Wer seinem Kind ein Stück seiner Lebenszeit schenkt, baut damit an der Zukunft der Welt. Kinder werden zukünftige Bürgermeister, Politiker, Geschäftsleute, Bankiers sein. Geben wir ihnen Werte mit, die die Welt besser machen, als sie heute ist.

Gebet

Herr, oft ist mir nicht bewusst, dass ich wichtig sein soll. Jeden Tag mache ich dasselbe: Windelwechsel, Geschirrspülen, Putzen, Einkaufen, Trösten, Ermahnen, Hausaufgaben überprüfen. Stärke mein Bewusstsein dafür, dass ich unersetzbar bin für mein Kind.

Alle Arbeit und aller Papierkram
dieser Welt können von anderen erledigt werden.
Aber als Mütter sind wir unersetzbar!

Du ließest mich geborgen sein an der Brust meiner Mutter. Psalm 22,10b

Mütter waren selbst einmal Kinder.
Sie sollten die Besserwisserei ihrer Kinder
mit sanftem Lächeln ertragen.

Nun aber bleiben Glaube, Hoffnung, Liebe, diese drei.
Aber die Liebe ist die größte unter ihnen. 1. Korinther 13,13

Ein 17-jähriger Teenager schrieb an den Schriftsteller Mark Twain etwa folgenden Brief: »Sehr geehrter Herr Twain, meine Eltern sind hoffnungslos altmodisch und unmöglich. Man bekommt keine einzige, vernünftige Antwort von ihnen. Bitte geben Sie mir einen Rat.«

Twain antwortete: »Lieber junger Mann, ich kann Sie so gut verstehen. Als ich in Ihrem Alter war, benahmen sich meine Eltern ebenso unmöglich. Aber ich kann Ihnen versichern, es wird im Laufe der Jahre besser mit ihnen. Als ich 27 Jahre war, waren meine Eltern schon viel weiser geworden – und heute, weitere zehn Jahre später, kann ich sie sogar um Rat fragen. Also warten Sie einfach ab und haben Sie Geduld mit ihnen.«

Gebet

Herr, gib mir Gelassenheit, die Teenagerzeit meines Kindes mit Geduld zu ertragen, ohne daran zu verzweifeln. Und gib meinem Kind das Vertrauen, dass ich es gut mit ihm meine, auch wenn ich ihm nicht alles erlauben kann.

Mit verweinten Augen kam mein Kind zu mir. »Mama, ich will gar nicht böse sein. Aber dann kommt es einfach so aus mir heraus. Und hinterher tut es mir so leid. Kannst du bitte wieder gut mit mir sein?« Natürlich konnte ich. Je kleiner Kinder sind, umso leichter fällt es. Gott legte so viel Liebe ins Herz einer Mutter, dass sie auch die schwierigen Kinder lieben kann. Trotzdem fühlen sich Mütter meist unvollkommen, egal, wie viel sie an Zeit und Kraft geben. Kommt es daher, dass ihre Liebe immer noch größer ist als das, was sie davon umsetzen können? Mütter können nicht anders als vergeben. Aber nicht nur Kinder machen Fehler, sondern auch Mütter. Sie sollten sich nicht ständig mit Schuldgefühlen plagen! Jeden Abend darf alles Versagen bei Jesus abgegeben werden, und morgens darf mit Elan neu begonnen werden. Mütter haben ihre Kinder lieb und vergeben ihnen. Gott hat beide gleichermaßen ins Herz geschlossen.

Gebet

Vater im Himmel, danke für alle Liebe, die du mir für mein Kind gegeben hast. Aber bitte schenk mir auch Weisheit, wie ich mit meinem Kind richtig umgehen kann. Herr, du weißt, dass ich meinen eigenen Maßstäben oft nicht genüge. Ich wäre so gern noch geduldiger.
Danke, dass du mir dabei hilfst und mir vergibst, wenn ich versagt habe.

Gott legte in das Herz einer Mutter viel Liebe.
Trotzdem stößt sie auch an Grenzen.

Simon, Sohn des Johannes, hast du mich lieb?
Er sprach zu ihm: Herr, du weißt, dass ich dich lieb habe. Johannes 21,16

Was du säst, wirst du ernten. Hab Geduld!
Denn manche Früchte haben eine lange Wachstumszeit!

Was der Mensch sät, wird er ernten. Galater 6,7

Was wir in Kinder säen, bleibt oft ein Leben lang erhalten. Manchmal sehen wir aber über eine große Zeitspanne keine Erfolge. Doch tief drinnen wacht Gott selbst über den gesäten Samen. Unser Junge war inzwischen erwachsen und lebte sein eigenes Leben. Uns liebte er zwar, aber mit Gott hatte er nicht mehr viel »am Hut«. Wie stimmte mich das traurig! War alles umsonst gewesen? Eines Tages klingelte das Telefon. »Mama«, meinte er, »ich weiß zwar nicht mehr genau, wie Beten geht. Aber ich spreche jetzt immer vor dem Einschlafen einen Vers des Liedes, das du mir früher abends gesungen hast: ›Gott ist die Liebe, lässt mich erlösen, Gott ist die Liebe, er liebt auch mich.‹ Mehr kann ich nicht davon.« Am Telefon durfte ich ihm die Strophen vorsingen, ihm, diesem schon lange erwachsenen Mann. Und dann erlaubte er mir, dass ich mit ihm beten durfte, Jesus möge in sein Herz kommen. Wie danke ich Gott, dass der ausgesäte Samen aus der Kindheit aufgegangen war.

Gebet

Herr, manchmal sehe ich bei allen Bemühungen um mein Kind keinen Erfolg. Das macht mich traurig.
Aber ich vertraue dir, dass du auch dann Wege hast, wenn ich keine sehe.
Irgendwann wirst du guten Samen aufgehen lassen.

Durch Freunde wurde es uns ermöglicht, Ferien auf der Insel Texel zu machen. Wind, Meer und Wellen und die unbändige Freude der Kleinen waren Erholung pur. Doch meine Seele wollte nicht recht in die Gänge kommen. Eines unserer größeren Kinder ging zurzeit eigene Wege und war auch nicht mitgefahren. Außerdem war Krankheit im Spiel. Mein Herz war sehr schwer. Als ich die Kleinen zu Bett gebracht hatte, ging ich allein zu einem Nachtspaziergang noch einmal hinaus ins Freie. Ich klagte Gott meinen Schmerz: »Herr, ich liebe dieses Kind so sehr. Diese Entfremdung tut so weh und ich habe solche Angst um mein Kind!« Während ich zum Sternenhimmel hinaufschaute, war es mir, als würde Gott mit mir reden: »Ich liebe dein Kind noch mehr, als du es könntest. Denn ich habe es erschaffen.« Gott liebte mein Kind mehr als ich? War das möglich, wo mein Herz schon so brannte? »Danke, Herr«, konnte ich nur flüstern.

Gebet

Herr, danke, dass ich alle Sorgen um mein Kind dir ans Herz legen darf.
Du trägst Sorge für mich und für mein Kind. Das hast du mich wissen lassen.
Und ich will es glauben. Bei dir bin ich aufgehoben mit meiner Not.

Gott liebt mein Kind mehr,

als ich es könnte!

Niemand hat größere Liebe als die,
dass er sein Leben lässt für seine Freunde. Johannes 15,13

Bildnachweis: Alle Bilder © Fotolia

Umschlag: Dasha Petrenko

Vor- und Nachsatz, S. 1, S. 2/3, S. 48/49: Dasha Petrenko

S. 4: S.Kobold; S. 5: Sergejs Rahunoks; S. 6 links: Eric Horster; S. 6 rechts: Ferkelraggae; S. 7: Svetlana Fedosova; S. 8/9 rechts: denys_kuraiev; S. 9 links: farbkombinat; S. 10 links/11: fotoperle; S. 10 rechts: De Visu; S. 12: st-fotograf; S. 13 links: photophonie; S. 13 rechts: wavebreakmediaMicro; S. 14: Halfpoint; S. 15: Andrey Bandurenko; S. 16: Nicole Effinger; S. 17 links: nadezhda1906; S. 17 rechts: sakkmesterke; S. 18 links: Ramona Heim; S. 18 rechts: lunaundmo; S. 19: Almgren; S. 20/21: xalanx; S. 22 links: Sven Bähren; S. 22 rechts: pegbes; S. 23: st-fotograf; S. 24: pete pahham; S. 25 links: frenta; S. 25 rechts: dmitrimaruta; S. 26 links: olesiabilkei; S. 26 rechts: motorradcbr; S. 27: Halfpoint; S. 28: auremar; S. 29 links: gyso4ka; S. 29 rechts: jura; Seite 30/31: altanaka; S. 32: Forewer; S. 33 links: Marina Dyakonova; S. 33 rechts: stefanolunardi; S. 34 links: Deklofenak; S. 34 rechts: S.Kobold; S. 35:Ilike; S. 36: Tatyana Gladskih; S. 37 links: Killroy Productions; S. 37 rechts: Arkady Chubykin; S. 38 links: jörn buchheim; S. 38 rechts: Michaela Müller; S. 39: lagom; S. 40: roboriginal; S. 41 links: Kaponia Aliaksei; S. 41 rechts: Tyler Olson; S. 42: altanaka; S. 43: ella; S. 44: daynamore; S. 45 links: amenic181; S. 45 rechts: fasphotographic; S. 46 links: karelnoppe; S. 46 rechts: Carsten Meyer; S. 47: lu-photo

Bibliografische Information der Deutschen Nationalbibliothek

Die Deutsche Nationalbibliothek verzeichnet diese Publikation in der Deutschen Nationalbibliografie; detaillierte bibliografische Daten sind im Internet über http://dnb.d-nb.de abrufbar.

ISBN 978-3-8429-3530-3

Bestell-Nr. 5.123.530

Umschlaggestaltung und Layout: Ch. Karádi

Gesamtherstellung: Drukarnia Dimograf, Bielsko-Biała, Polen

Printed in the EU 2014

www.media-kern.de